Impressum
Verlag: BABADADA GmbH, Nedderfeld 112 , 22529 Hamburg
Geschäftsführer / Verlagsleitung: Harald Hof
Druck: Books on Demand GmbH, In de Tarpen 42, 22848 Norderstedt

Imprint
Publisher: BABADADA GmbH, Nedderfeld 112 , 22529 Hamburg, Germany
Managing Director / Publishing direction: Harald Hof
Print: Books on Demand GmbH, In de Tarpen 42, 22848 Norderstedt, Germany

mokykla
escola

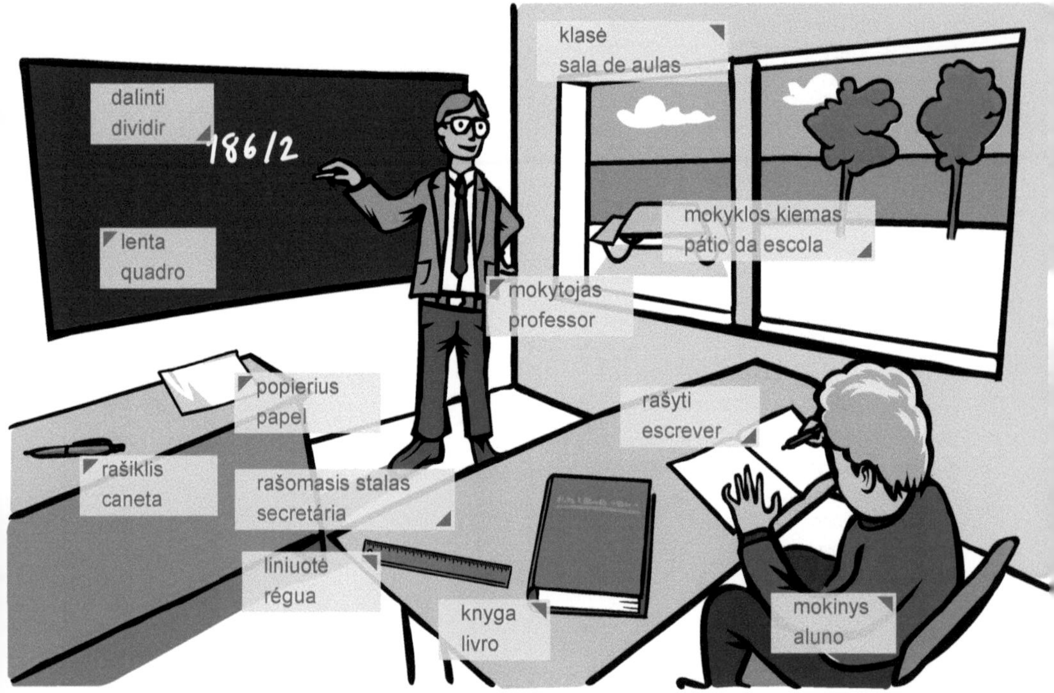

klasė
sala de aulas
dalinti
dividir
186/2
lenta
quadro
mokyklos kiemas
pátio da escola
mokytojas
professor
popierius
papel
rašyti
escrever
rašiklis
caneta
rašomasis stalas
secretária
liniuotė
régua
knyga
livro
mokinys
aluno

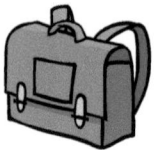

kuprinė

mochila

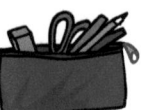

penalas

estojo de lápis

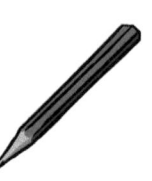

pieštukas

lápis

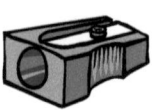

drožtukas

afia-lápis

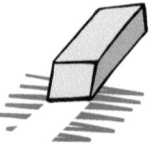

trintukas

borracha

piešimo bloknotas

bloco de desenho

piešinys

desenho

teptukas

pincel

dažų dėžutė

caixa de tintas

žirklės

tesoura

klijai

cola

vadovėlis

livro de exercícios

namų darbai

trabalhos de casa

12

numeris

número

2+2

pridėti

somar

5-2

atimti

subtrair

2×2

dauginti

multiplicar

skaičiuoti

calcular

A

raidė

letra

ABCDEFG HIJKLMN OPQRSTU VWXYZ

abėcėlė

alfabeto

žodis

palavra

tekstas

texto

skaityti

ler

kreida

giz

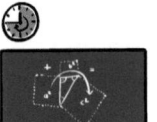

pamoka

hora

dienynas

registo de presenças

egzaminas

exame

pažymėjimas

certificado

mokyklinė uniforma

uniforme escolar

išsilavinimas

educação

enciklopedija

enciclopédia

universitetas

universidade

mikroskopas

microscópio

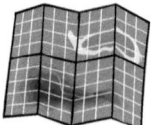

žemėlapis

mapa

šiukšliadėžė

cesto de lixo

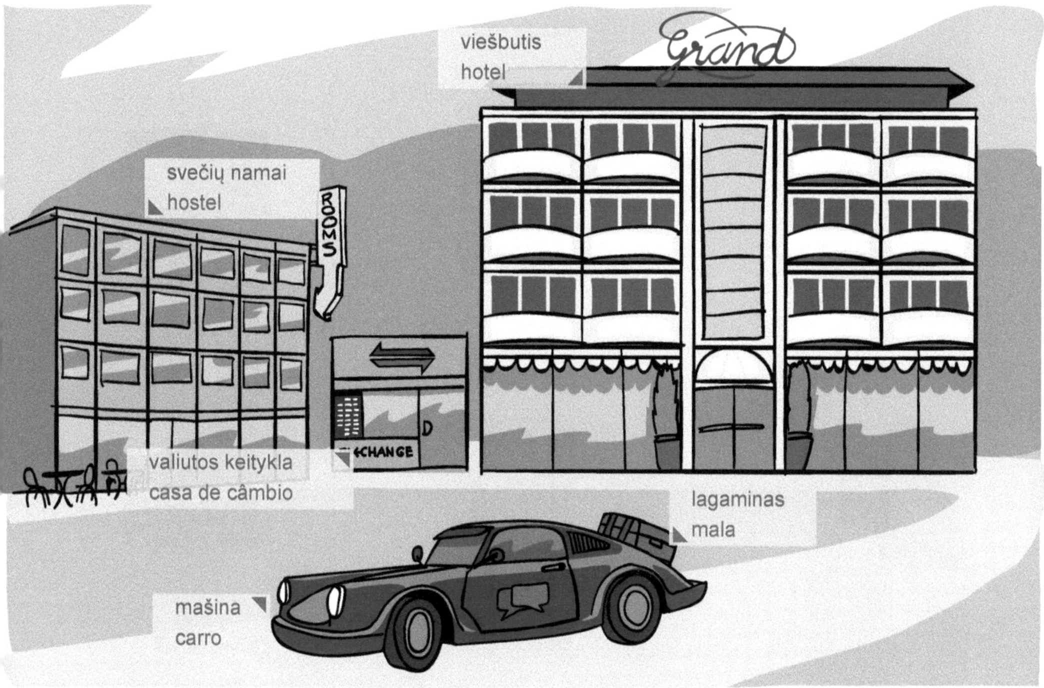

viešbutis
hotel
Grand
svečių namai
hostel
ROOMS
valiutos keitykla
casa de câmbio
EXCHANGE
lagaminas
mala
mašina
carro

kalba

idioma

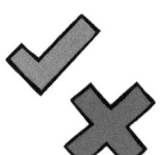

taip / ne

sim / não

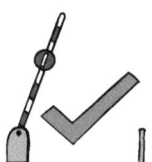

Gerai

ok / certo / correto

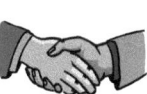

sveiki

olá

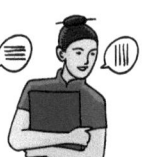

vertėjas raštu

intérprete

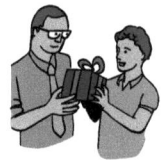

Ačiū

obrigado

kiek kainuoja...?

quanto é que custa... ?

aš nesuprantu

não entendo

problema

problema

Labas vakaras!

boa noite!

Labas rytas!

Bom dia!

Labos nakties!

Boa noite!

viso gero

adeus

kryptis

direção

bagažas

bagagem

krepšys

saco

kuprinė

mochila

svečias

convidado

kambarys

quarto

miegmaišis

saco-cama

palapinė

tenda

turizmo informacija

informação turística

paplūdimys

praia

kreditinė kortelė

cartão de crédito

pusryčiai

pequeno-almoço

pietūs

almoço

vakarienė

jantar

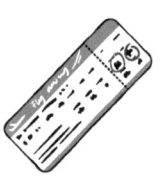

bilietas

bilhete

liftas

elevador

pašto ženklas

selo postal

siena

fronteira

muitinė

alfândega

ambasada

embaixada

viza

visto

pasas

passaporte

transportas

transporte

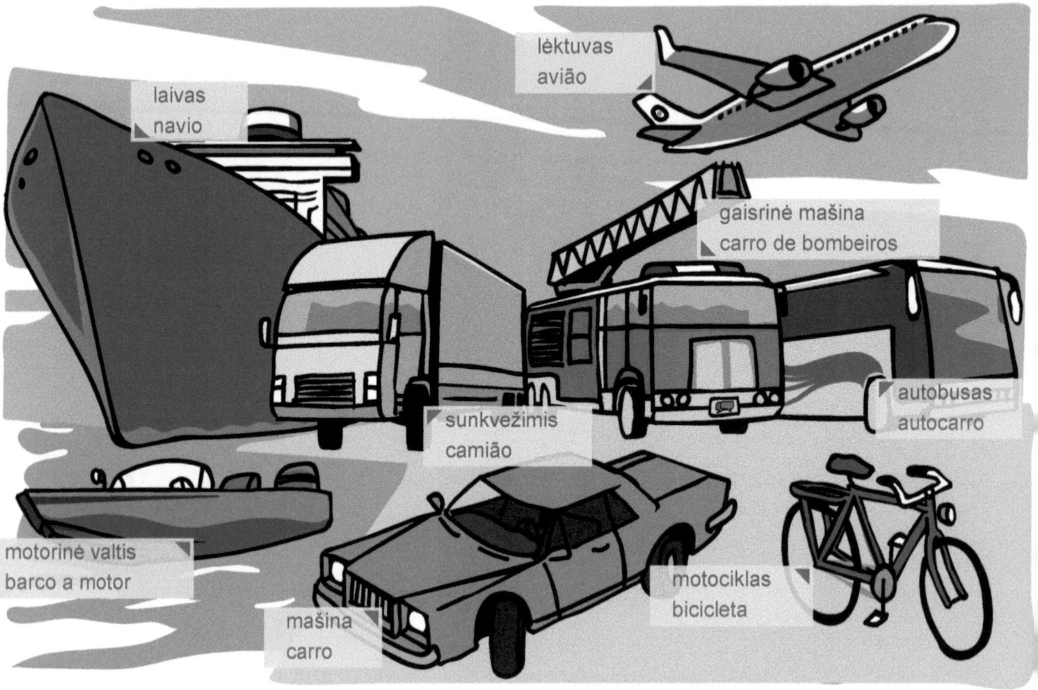

lėktuvas
avião
laivas
navio
gaisrinė mašina
carro de bombeiros
autobusas
autocarro
sunkvežimis
camião
motorinė valtis
barco a motor
motociklas
bicicleta
mašina
carro

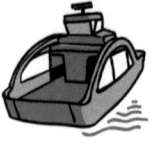

keltas

cacilheiro

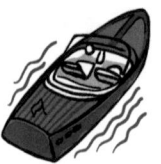

valtis

barco

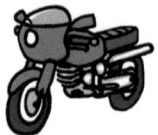

mopedas

mota

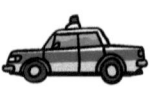

policijos automobilis

carro de polícia

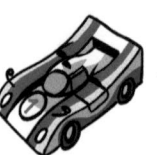

lenktyninis automobilis

carro de corrida

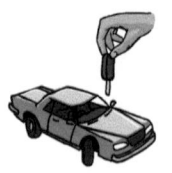

nuomojamas automobilis

carro alugado

bendras automobilio
naudojimas
carsharing

techninės pagalbos
automobilis
camião de reboque

šiukšliavežė
camião do lixo

variklis
motor

degalai
combustível

degalinė
estação de serviço

kelio ženklas
sinal de trânsito

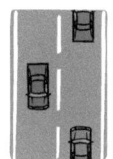

eismas
trânsito

eismo spūstis
congestionamento de
trânsito

mašinų stovėjimo aikštelė
parque de estacionamento

traukinių stotis
estação ferroviária

bėgiai
carris

traukinys
comboio

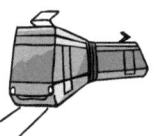

tramvajus
elétrico

vagonas
carruagem

sraigtasparnis

helicóptero

oro uostas

aeroporto

bokštas

torre

keleivis

passageiro

konteineris

contentor

dėžė

caixa de papelão

vežimėlis

carrinho

krepšys

cesto

pakilti / nusileisti

levantar voo / aterrar

miestas

cidade

kaimas

aldeia

miesto centras

centro da cidade

namas

casa

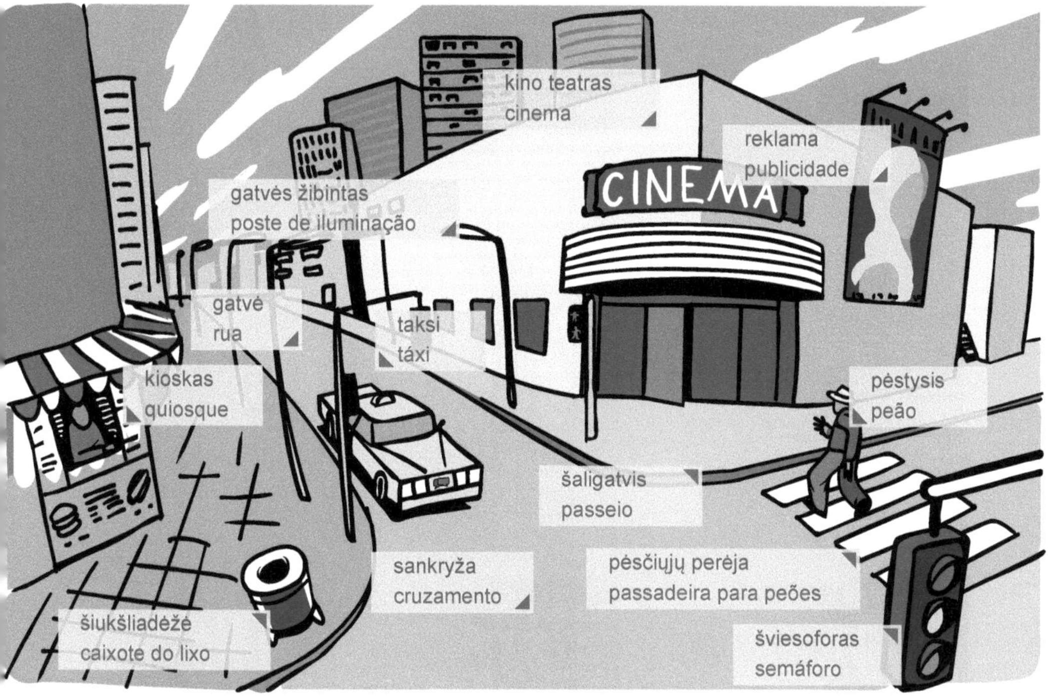

kino teatras
cinema

reklama
publicidade

gatvės žibintas
poste de iluminação

gatvė
rua

taksi
táxi

pėstysis
peão

kioskas
quiosque

šaligatvis
passeio

sankryža
cruzamento

pėsčiųjų perėja
passadeira para peões

šiukšliadėžė
caixote do lixo

šviesoforas
semáforo

CINEMA

trobelė
cabana

butas
apartamento

traukinių stotis
estação ferroviária

rotušė
câmara municipal

muziejus
museu

mokykla
escola

universitetas
universidade

bankas
banco

ligoninė
hospital

viešbutis
hotel

vaistinė
farmácia

biuras
escritório

knygynas
livraria

parduotuvė
loja

gėlių parduotuvė
florista

prekybos centras
supermercado

turgus
mercado

universalinė parduotuvė
loja de departamentos

žuvies parduotuvė
peixaria

prekybos centras
centro comercial

uostas
porto

parkas

parque

suoliukas

banco

tiltas

ponte

laiptai

escadas

metro

metro

tunelis

túnel

autobusų stotelė

paragem de autocarro

baras

bar

restoranas

restaurante

lauko pašto dėžutė

caixa de correio

kelio ženklas

sinal de trânsito

parkomatas

parquímetro

zoologijos sodas

jardim zoológico

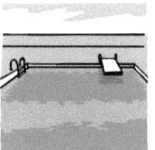

baseinas

piscina

mečetė

mesquita

ūkininko ūkis
quinta

tarša
poluição

kapinės
cemitério

bažnyčia
igreja

žaidimų aikštelė
parque infantil

šventykla
templo

kraštovaizdis
paisagem

lapas
folha

kelio rodyklė
placa de sinalização

kelias
caminho

pieva
prado

akmuo
pedra

ėjikas
caminhantes

medis
árvore

upė
rio

žolė
relva

gėlė
flor

slėnis

vale

kalva

montanha

ežeras

lago

miškas

floresta

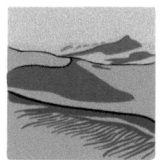

dykuma

deserto

ugnikalnis

vulcão

pilis

castelo

vaivorykštė

arco-íris

grybas

cogumelo

palmė

palma

uodas

mosquito

musė

mosca

skruzdėlė

formiga

bitė

abelha

voras

aranha

vabalas

besouro

varlė

sapo

voverė

esquilo

ežys

ouriço

kiškis

lebre

pelėda

coruja

paukštis

pássaro

gulbė

cisne

šernas

javali

elnias

veado

briedis

alce

užtvanka

barragem

vėjo jėgainė

turbina eólica

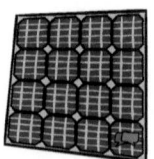

saulės baterija

painel solar

klimatas

clima

padavėjas
empregado de mesa

meniu
menu

kėdė
cadeira

sriuba
sopa

pica
pizza

staltiesė
toalha de mesa

stalo įrankiai
talheres

užkandis
entrada

pagrindinis patiekalas
prato principal

desertas
sobremesa

gėrimai
bebidas

maistas
comida

butelis
garrafa

greitai pateikiamas maistas

fast food

gatvės maistas

comida de rua

arbatinukas

bule de chá

cukrinė

açucareiro

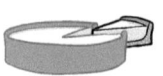

porcija

porção

espreso aparatas

máquina de café expresso

aukšta kėdė

cadeira alta

sąskaita

conta

padėklas

bandeja

peilis

faca

šakutė

garfo

šaukštas

colher

arbatinis šaukštelis

colher de chá

servetėlė

guardanapo

stiklinė

copo

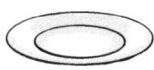

lėkštė

prato

sriubos lėkštė

prato de sopa

padėklas

pires

padažas

molho

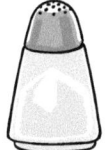

druskinė

saleiro

pipirų malūnėlis

moinho de pimenta

actas

vinagre

aliejus

óleo

prieskoniai

especiarias

kečupas

ketchup

garstyčios

mostarda

majonezas

maionese

prekybos centras
supermercado

specialus pasiūlymas
oferta especial
pirkėjas
cliente
pieno produktai
laticínios
vaisiai
fruta
troleibusas
carrinho de compras
FOR

BUTCHERS

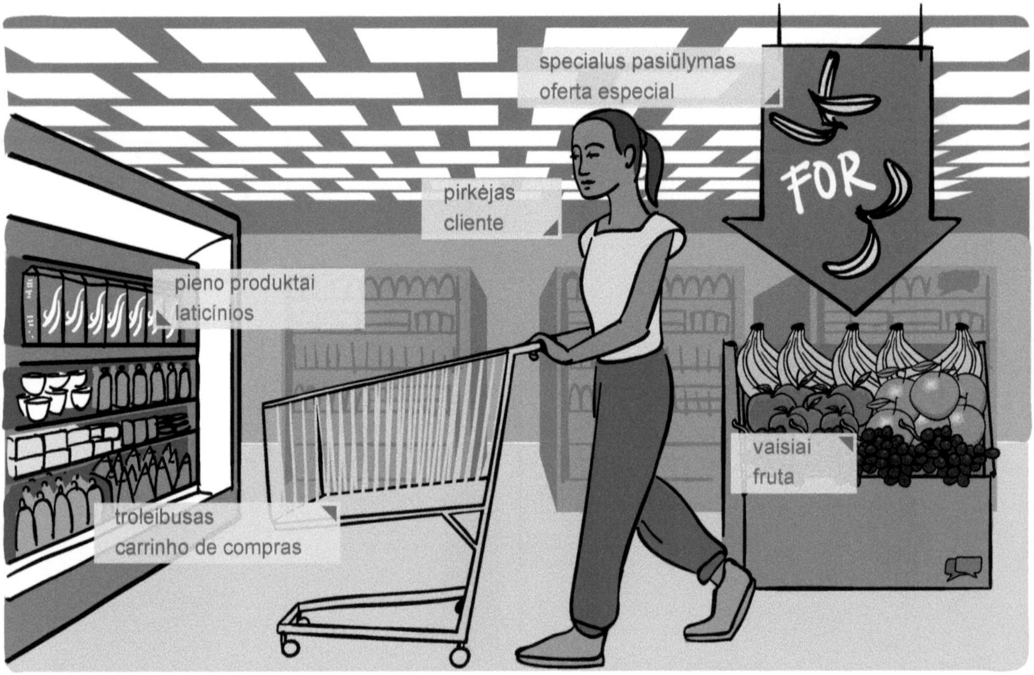

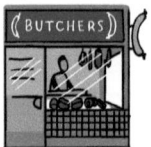

mėsos parduotuvė

talho

BAKERY

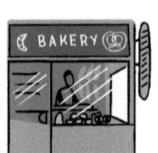

kepykla

padaria

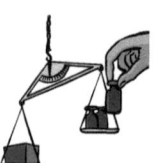

sverti

pesar

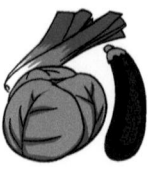

daržovės

vegetais

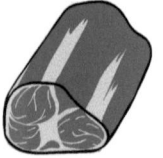

mėsa

carne

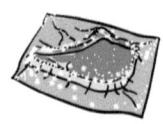

šaldytas maistas

alimentos congelados

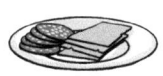

šalti mėsos užkandžiai

charcutaria

konservai

comida enlatada

skalbimo milteliai

detergente em pó

saldumynai

doces

ūkinės prekės

artigos domésticos

valymo priemonės

produtos de limpeza

pardavėja

vendedora

kasos aparatas

caixa

kasininkas

caixa

pirkinių sąrašas

lista de compras

darbo valandos

horário de funcionamento

piniginė

carteira

kreditinė kortelė

cartão de crédito

maišelis

saco

plastikinis maišelis

saco de plástico

vanduo

água

sultys

sumo

pienas

leite

kola

coca-cola

vynas

vinho

alus

cerveja

alkoholis

álcool

kakava

cacau

arbata

chá

kava

café

espresas

café expresso

kapučinas

capuccino

bananas

banana

obuolys

maçã

apelsinas

laranja

arbūzas

melão

citrina

limão

morka

cenoura

česnakas

alho

bambukas

bambu

svogūnas

cebola

grybas

cogumelo

riešutai

nozes

makaronai

talharim

spagečiai

esparguete

ryžiai

arroz

salotos

salada

traškučiai

batatas fritas

keptos bulvės

batatas fritas

pica

pizza

mėsainis

hambúrguer

sumuštinis

sanduíche

pjausnys

bife panado

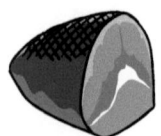

kumpis

fiambre

saliamis

salame

dešrelė

salsicha

vištiena

galinha

kepsnys

assado

žuvis

peixe

avižų dribsniai

flocos de aveia

dribsniai su priedais

muesli

kukurūzų dribsniai

flocos de milho

miltai

farinha

prancūziškasis ragelis

croissant

bandelė

carcaça (pãozinho)

duona

pão

skrebutis

torrada

sausainiai

biscoitos

sviestas

manteiga

varškė

requeijão

tortas

bolo

kiaušinis

ovo

kiaušinienė

ovo estrelado

sūris

queijo

ledai

gelado

cukrus

açúcar

medus

mel

uogienė

compota

tepamas šokoladas

creme de nougat

karis

caril

ūkininko ūkis
quinta

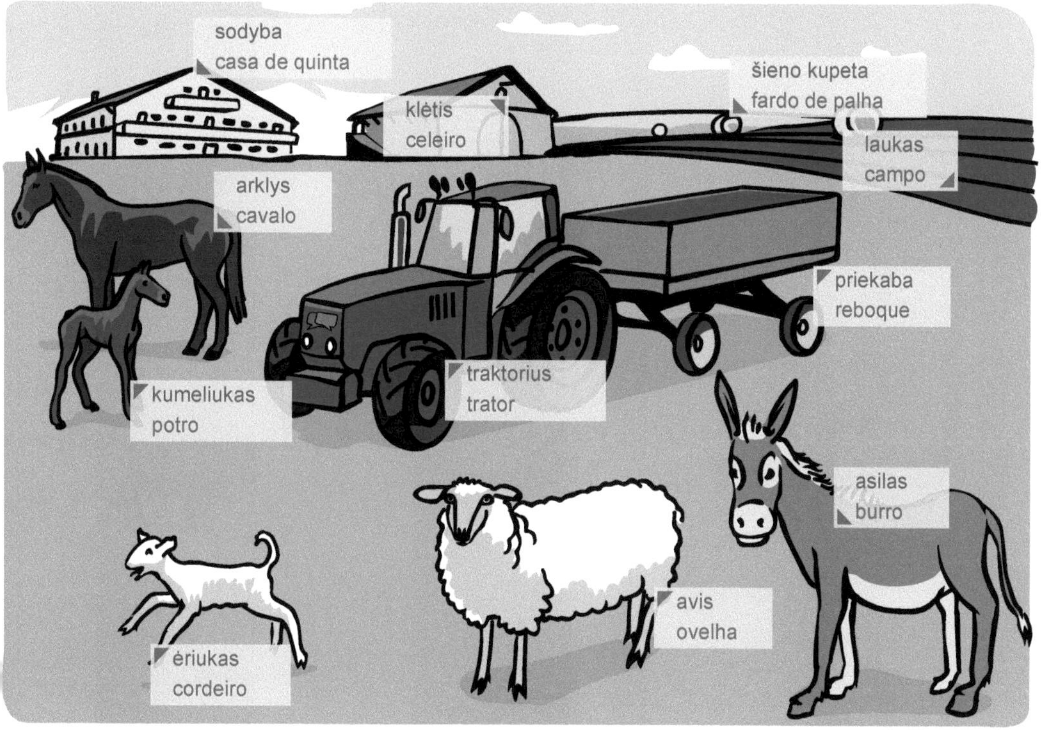

sodyba
casa de quinta
klėtis
celeiro
šieno kupeta
fardo de palha
laukas
campo
arklys
cavalo
priekaba
reboque
traktorius
trator
kumeliukas
potro
asilas
burro
avis
ovelha
ėriukas
cordeiro

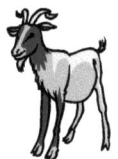

ožys

cabra

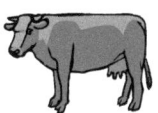

karvė

vaca

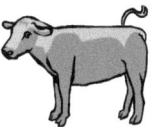

veršis

bezerro

kiaulė

porco

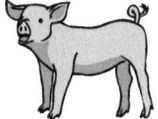

paršelis

leitão

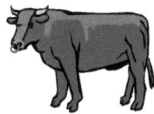

bulius

touro

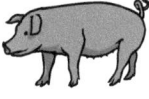

žąsis

ganso

antis

pato

viščiukas

pintaínho

višta

galinha

gaidys

galo

žiurkė

ratazana

katė

gato

pelė

rato

jautis

boi

šuo

cão

šuns būda

casota

sodo namas

mangueira de jardim

laistytuvas

regador

dalgis

foice

plūgas

arado

pjautuvas

foice

kauptukas

enxada

šakės

forquilha

kirvis

machado

statinė

carrinho de mão

lovys

manjedoura

bidonas

jarro de leite

maišas

saco

tvora

cerca

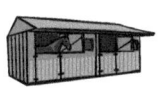

arklidė

estábulo

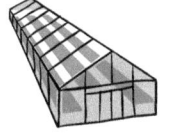

šiltnamis

estufa

dirva

solo

sėkla

semente

trąšos

fertilizante

kombainas

ceifeira-debulhadora

rinkti

colher

derlius

colheita

saldžiosios bulvės

inhame

kviečiai

trigo

soja

soja

bulvė

batata

kukurūzai

milho

rapsai

colza

vaismedis

árvore de fruto

manijokas

mandioca

grūdai

cereais

namas
casa

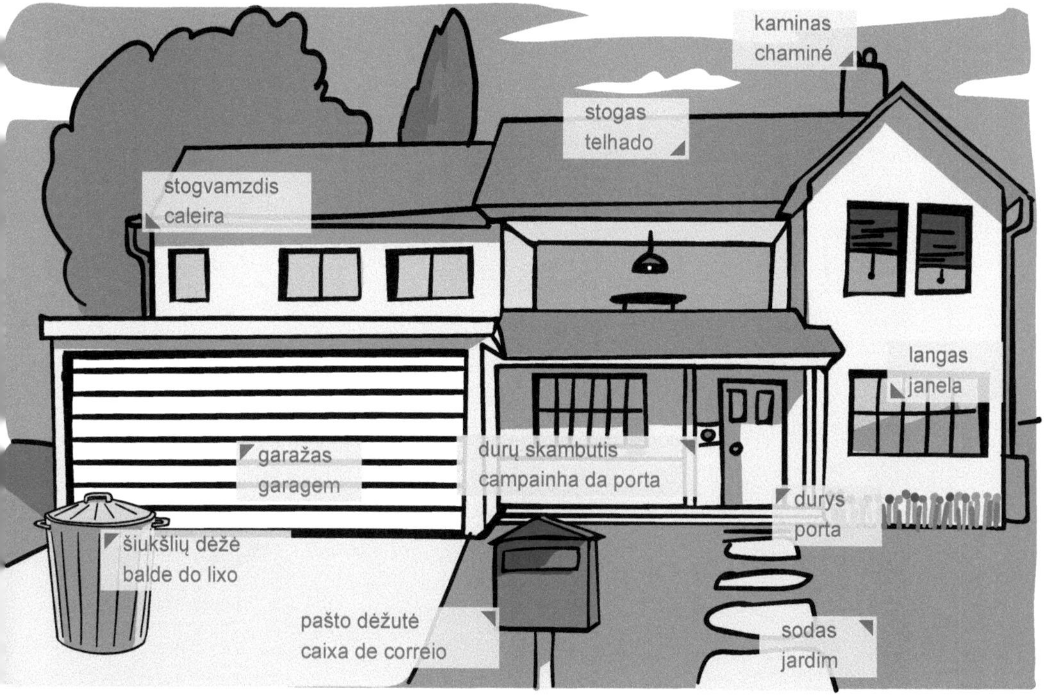

kaminas
chaminé
stogas
telhado
stogvamzdis
caleira
langas
janela
garažas
garagem
durų skambutis
campainha da porta
durys
porta
šiukšlių dėžė
balde do lixo
pašto dėžutė
caixa de correio
sodas
jardim

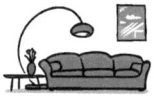

svetainė

sala de estar

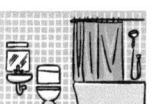

vonios kambarys

casa de banho

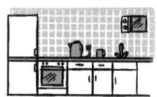

virtuvė

cozinha

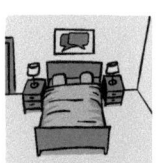

miegamasis

quarto de dormir

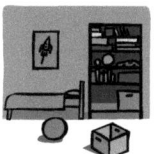

vaiko kambarys

quarto de criança

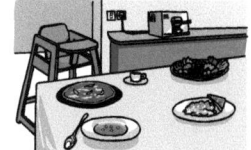

valgomasis

sala de jantar

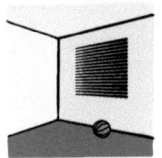

grindys
chão

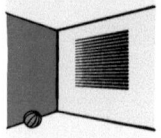

siena
parede

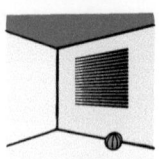

lubos
teto

rūsys
cave

sauna
sauna

balkonas
varanda

terasa
terraço

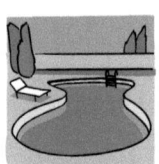

baseinas
piscina

žoliapjovė
máquina de cortar relvado

paklodė
lençol

lovatiesė
cobertor

lova
cama

šluota
vassoura

kibiras
balde

jungiklis
interruptor

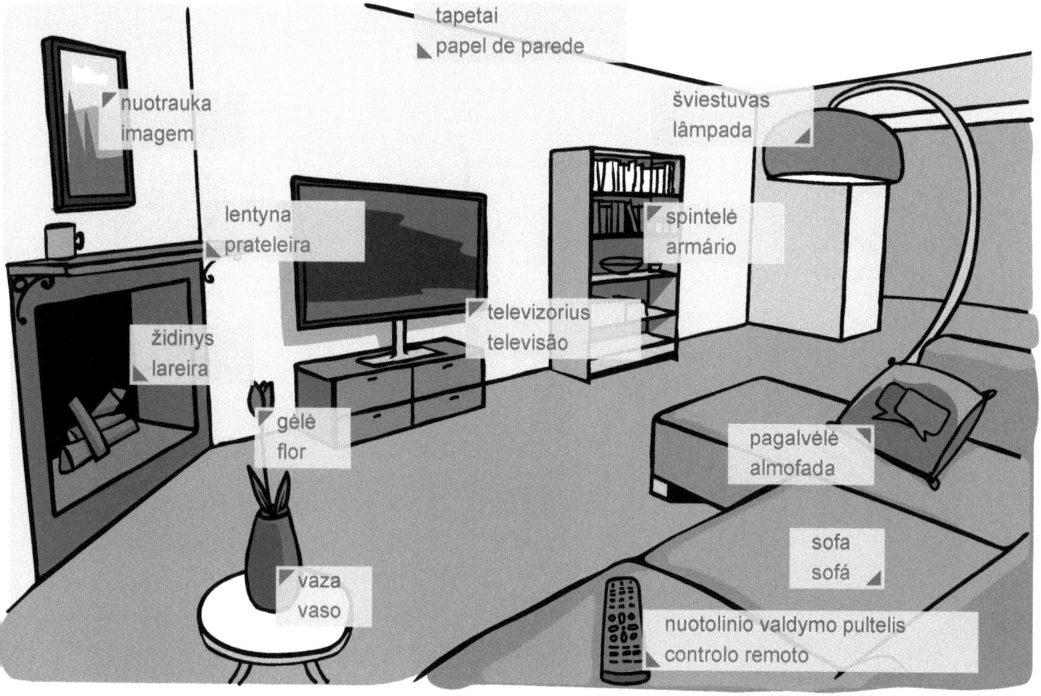

tapetai
papel de parede

nuotrauka
imagem

šviestuvas
lâmpada

lentyna
prateleira

spintelė
armário

židinys
lareira

televizorius
televisão

gėlė
flor

pagalvėlė
almofada

vaza
vaso

sofa
sofá

nuotolinio valdymo pultelis
controlo remoto

kilimas
tapete

užuolaida
cortina

stalas
mesa

kėdė
cadeira

supamasis krėslas
cadeira de baloiço

fotelis
poltrona

knyga

livro

antklodė

cobertor

papuošimai

decoração

malkos

lenha

filmas

filme

stereo aparatūra

sistema estéreo

raktas

chave

laikraštis

jornal

paveikslas

pintura

plakatas

póster

radijas

rádio

užrašų knygelė

bloco de notas

dulkių siurblys

aspirador

kaktusas

cato

žvakė

vela

virtuvė
cozinha

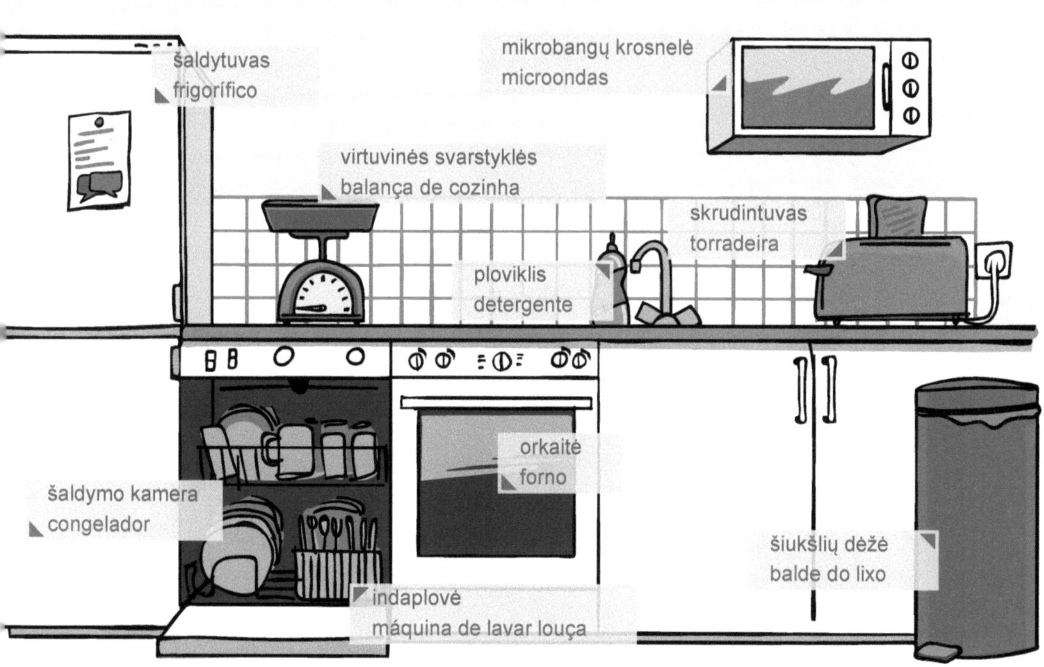

šaldytuvas
frigorífico
mikrobangų krosnelė
microondas
virtuvinės svarstyklės
balança de cozinha
skrudintuvas
torradeira
ploviklis
detergente
orkaitė
forno
šaldymo kamera
congelador
šiukšlių dėžė
balde do lixo
indaplovė
máquina de lavar louça

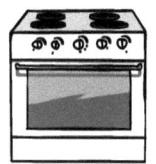

viryklė

fogão

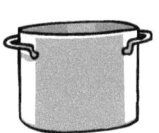

puodas

panela

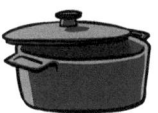

ketaus puodas

panela de ferro

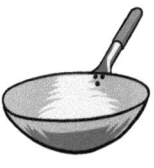

„wok“ keptuvė

wok / kadai

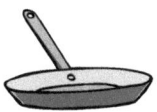

keptuvė

frigideira

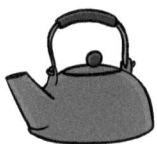

virdulys

chaleira

garų puodas

panela a vapor

kepimo skarda

tabuleiro de forno

porceliano indai

louça

puodelis

caneca

dubuo

tigela

valgomosios lazdelės

pauzinhos

samtis

concha de sopa

mentelė

espátula

plaktuvas

batedor de claras

koštuvas

escorredor

sietas

peneira

trintuvė

ralador

grūstuvė

almofariz

kepsninė

churrasqueira

atvira liepsna

lareira

pjaustymo lentelė

tábua de cortar

kočėlas

rolo da massa

kamščiatraukis

saca-rolhas

skardinė

lata

skardinių atidarytuvas

abridor de latas

puodkėlė

luvas de forno

kriauklė

lava-loiça

šepetys

escova

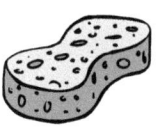

kempinė

esponja

trintuvas

liquidificador

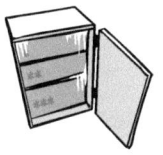

šaldiklis

arca frigorífica

kūdikių buteliukas

biberão

čiaupas

torneira

vonios kambarys
casa de banho

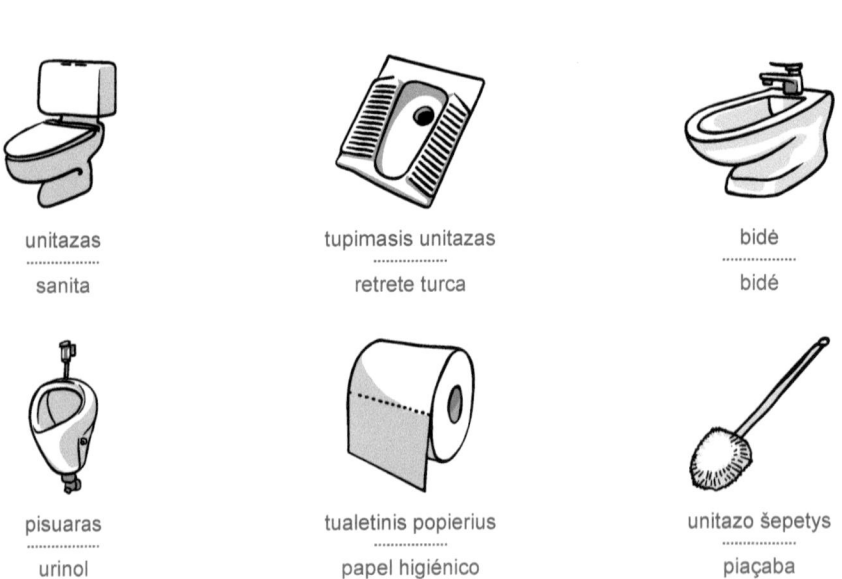

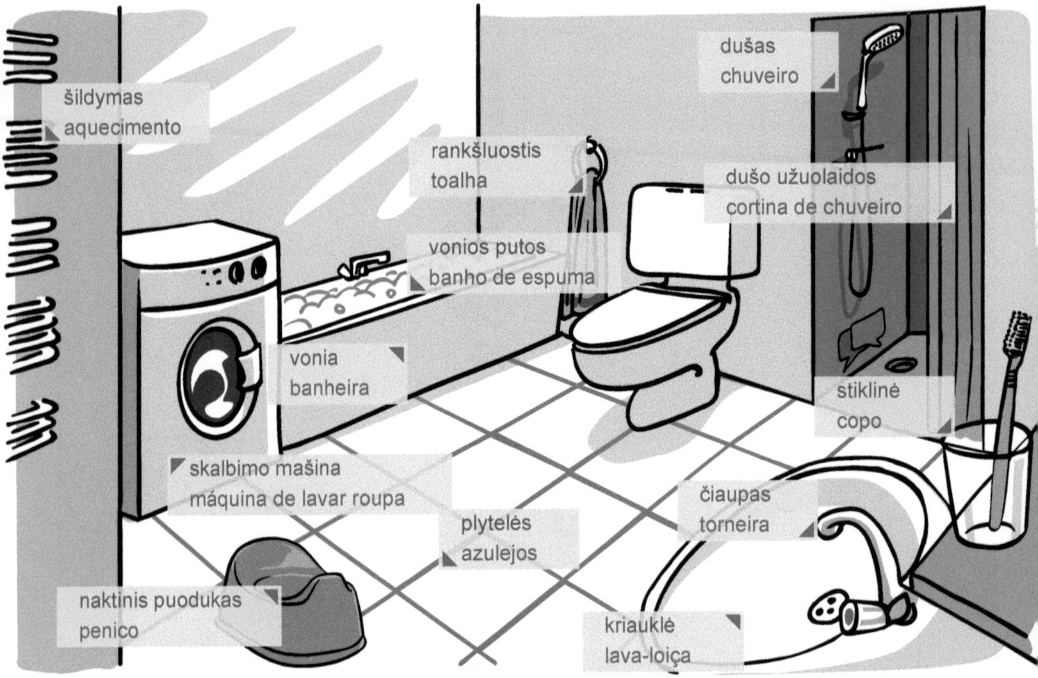

šildymas
aquecimento
dušas
chuveiro
rankšluostis
toalha
dušo užuolaidos
cortina de chuveiro
vonios putos
banho de espuma
vonia
banheira
stiklinė
copo
skalbimo mašina
máquina de lavar roupa
čiaupas
torneira
plytelės
azulejos
naktinis puodukas
penico
kriauklė
lava-loiça

unitazas
sanita

tupimasis unitazas
retrete turca

bidė
bidé

pisuaras
urinol

tualetinis popierius
papel higiénico

unitazo šepetys
piaçaba

dantų šepetėlis

escova de dentes

dantų pasta

pasta de dentes

dantų siūlas

fio dentário

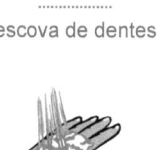

plauti

lavar

dušo galvutė

chuveiro de mão

higieninis dušas

duche íntimo

praustuvas

bacia

nugaros plaušinė

escova para as costas

muilas

sabonete

dušo želė

gel de banho

šampūnas

champô

plaušinė

toalha de rosto

kanalizacija

escoamento

kremas

creme

dezodorantas

desodorizante

veidrodis

espelho

veidrodėlis

espelho de mão

skustuvas

máquina de barbear

skutimosi putos

creme de barbear

losjonas po skutimosi

loção pós-barba

šukos

pente

šepetys

escova

plaukų džiovintuvas

secador de cabelo

plaukų lakas

spray de cabelo

makiažas

maquilhagem

lūpdažis

batom

nagų lakas

verniz de unhas

vata

algodão

žirklutės nagams

tesoura para unhas

kvepalai

perfume

maišelis skalbiniams
nécessaire

taburetė
tamborete

svarstyklės
balança

chalatas
roupão de banho

guminės pirštinės
luvas de borracha

tamponas
tampão

higieninis įklotas
penso higiénico

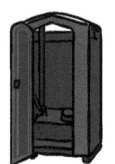

biotualetas
WC químico

vaiko kambarys

quarto de criança

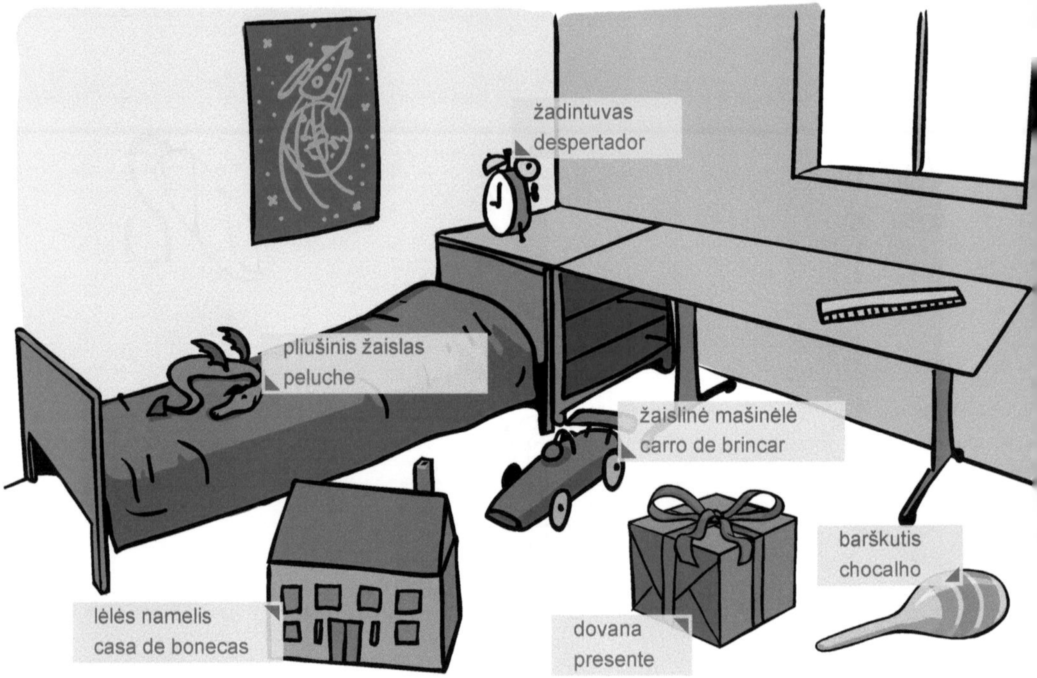

žadintuvas
despertador
pliušinis žaislas
peluche
žaislinė mašinėlė
carro de brincar
barškutis
chocalho
lėlės namelis
casa de bonecas
dovana
presente

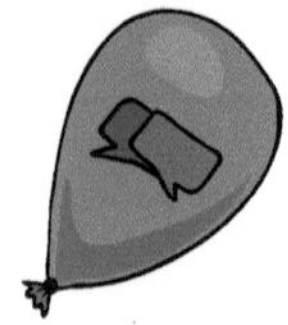

balionas
balão

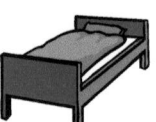

lova
cama

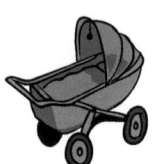

vaikiškas vežimėlis
carrinho de bebé

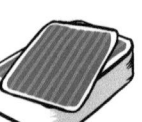

kortų malka
jogo de cartas

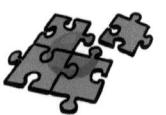

delionė
quebra-cabeças

SUPER MEGA

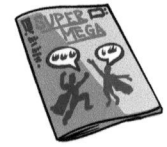

komiksai
banda desenhada

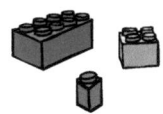

lego kaladėlės

peças de Lego

žaislinės kaladėlės

blocos de construção

figūrėlė

figura de ação

šliaužtinukai

fato de bebé

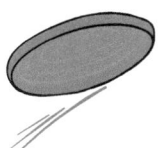

mėtymo lėkštė

Frisbee

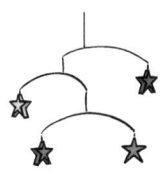

karuselė

móbile para bebé

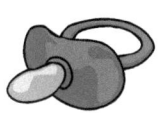

stalo žaidimas

jogo de tabuleiro

kauliukai

dados

žaislinis traukinys

pista de comboio elétrico

žindukas

chupeta

vakarėlis

festa

paveiksliukų knygelė

livro ilustrado

kamuolys

bola

lėlė

boneca

žaisti

jogar

smėlio dėžė

caixa de areia

sūpynės

baloiço

žaislai

brinquedos

žaidimų konsolė

consola de jogos

triratukas

triciclo

meškiukas

ursinho de peluche

drabužių spinta

guarda-roupa

drabužis

vestuário

kojinės

meias

kojinės virš kelių

meias pelo joelho

pėdkelnės

meias-calças

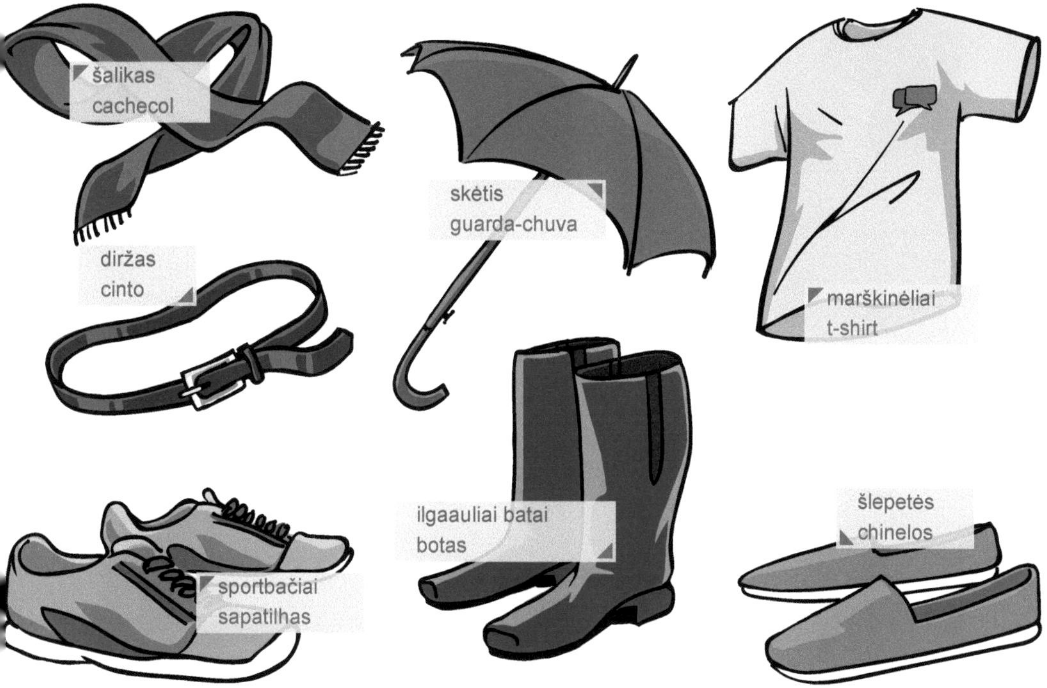

šalikas
cachecol

skėtis
guarda-chuva

diržas
cinto

marškinėliai
t-shirt

ilgaauliai batai
botas

šlepetės
chinelos

sportbačiai
sapatilhas

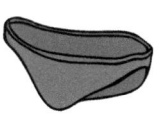

sandalai
....
sandálias

batai
....
sapatos

guminiai batai
....
botas de borracha

trumpikės
....
cuecas

liemenėlė
....
sutiã

liemenė
....
camisola interior

glaustinukė
body

kelnės
calças

džinsai
calças de ganga

sijonas
saia

palaidinė
blusa

marškiniai
camisa

megztinis
pulôver

megztinis su gobtuvu
camisola com capuz

švarkelis
blazer

švarkas
casaco

paltas
manto

lietpaltis
gabardina

kostiumas
traje

suknelė
vestido

vestuvinė suknelė
vestido de casamento

kostiumas

fato

naktiniai marškiniai

camisa de dormir

pižama

pijama

saris

sari

skarelė

lenço de cabeça

tiurbanas

turbante

burka

burca

kaftanas

cafetã

abaja

abaya

maudymosi kostiumėlis

fato de banho

glaudės

calções de banho

šortai

calções

sportinis kostiumas

fato de treino

prijuostė

avental

pirštinės

luvas

saga
botão

akiniai
óculos

apyrankė
pulseira

vėrinys
colar

žiedas
anel

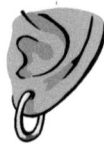

auskaras
brinco

kepurė
boné

pakabas
cabide

skrybėlė
chapéu

kaklaraištis
gravata

užtrauktukas
fecho de correr

šalmas
capacete

breketai
suspensórios

mokyklinė uniforma
uniforme escolar

uniforma
uniforme

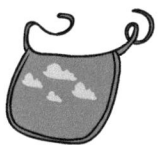

seilinukas

babete

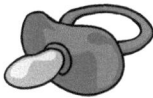

žindukas

chupeta

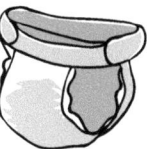

vystyklai

fralda

biuras
escritório

serveris
servidor
dokumentų spinta
armário de arquivo
popierius
papel
spausdintuvas
impressora
vaizduoklis
ecrã
rašomasis stalas
secretária
pelė
rato
aplankas
pasta
klaviatūra
teclado
šiukšliadėžė
cesto de lixo
kompiuteris
computador
kėdė
cadeira

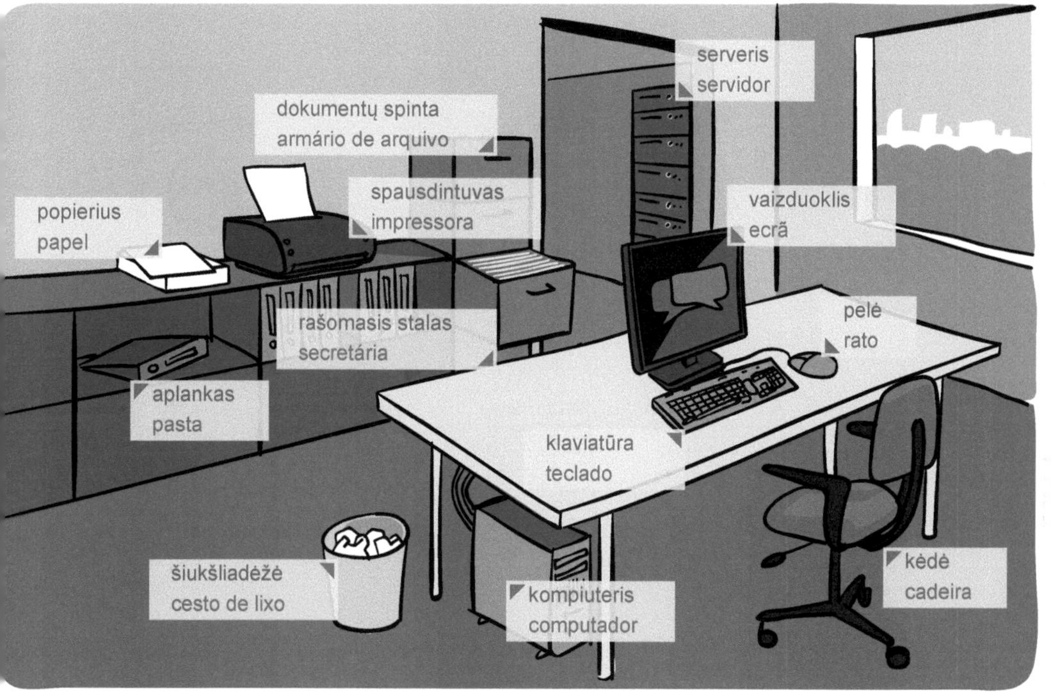

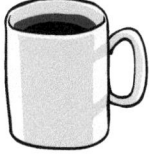

kavos puodelis

caneca de café

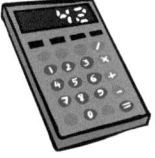

kalkuliatorius

calculadora

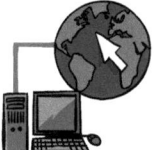

internetas

internet

nešiojamasis kompiuteris

computador portátil

laiškas

carta

žinutė

mensagem

mobilusis telefonas

telemóvel

tinklas

rede

fotokopijavimo aparatas

fotocopiadora

programinė įranga

software

telefonas

telefone

kištukinis lizdas

tomada elétrica

faksas

fax

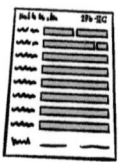

forma

formulário

dokumentas

documento

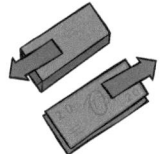

pirkti

comprar

mokėti

pagar

prekiauti

negociar

pinigai

dinheiro

doleris

dólar

euras

euro

jena

yen

rublis

rublo

Šveicarijos frankas

franco suíço

juanis

renminbi yuan

rupija

rupia

bankomatas

caixa de multibanco

valiutos keitykla

casa de câmbio

auksas

ouro

sidabras

prata

nafta

petróleo

energija

energia

kaina

preço

sutartis

contrato

mokestis

imposto

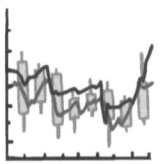

akcijos

ação

dirbti

trabalhar

darbuotojas

empregado

darbdavys

entidade patronal

gamykla

fábrica

parduotuvė

loja

profesijos
profissões

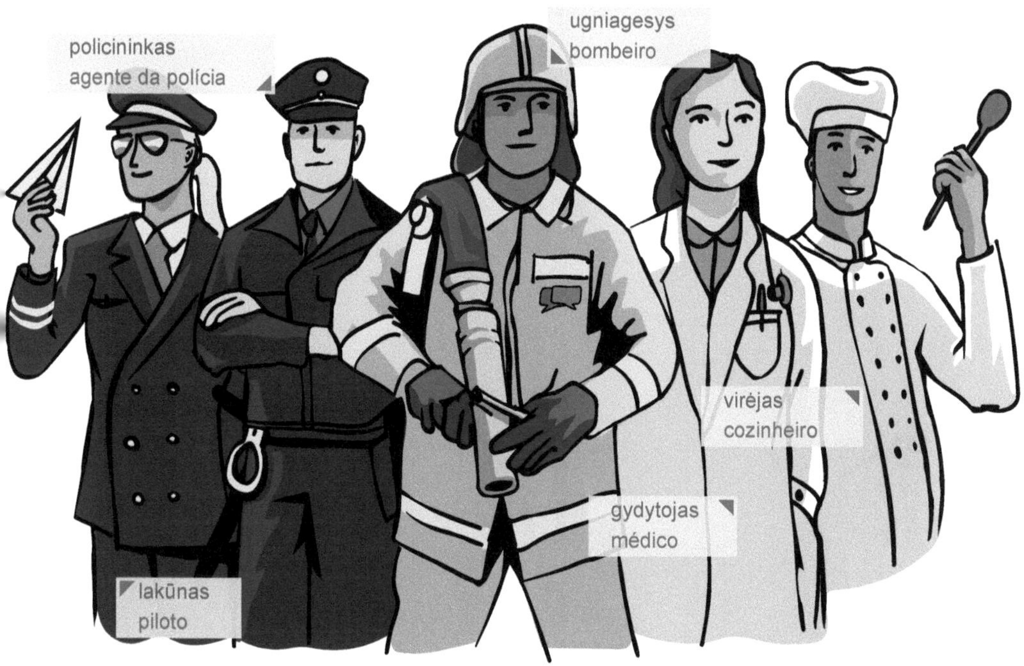

policininkas
agente da polícia
ugniagesys
bombeiro
virėjas
cozinheiro
gydytojas
médico
lakūnas
piloto

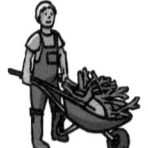

sodininkas
jardineiro

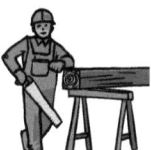

stalius
carpinteiro

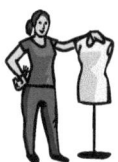

siuvėja
costureira

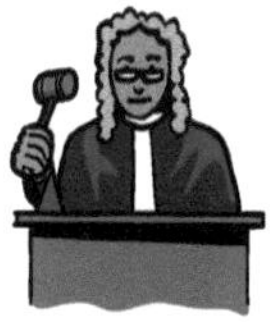

teisėjas
juiz

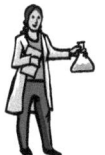

chemikas
químico

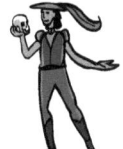

aktorius
ator

autobuso vairuotojas

motorista de autocarro

taksi vairuotojas

motorista de táxi

žvejys

pescador

valytoja

empregada de limpeza

stogdengys

telhador

padavėjas

empregado de mesa

medžiotojas

caçador

dailininkas

pintor

kepėjas

padeiro

elektrikas

eletricista

statybininkas

construtor

inžinierius

engenheiro

mėsininkas

talhante

santechnikas

canalizador

paštininkas

carteiro

kareivis
soldado

architektas
arquiteto

kasininkas
caixa

gėlininkas
florista

kirpėjas
cabeleireiro

konduktorius
controlador de bilhetes

mechanikas
mecânico

kapitonas
capitão

odontologas
dentista

mokslininkas
cientista

rabinas
rabino

imamas
imã

vienuolis
monge

kunigas
pastor

įrankiai

ferramentas

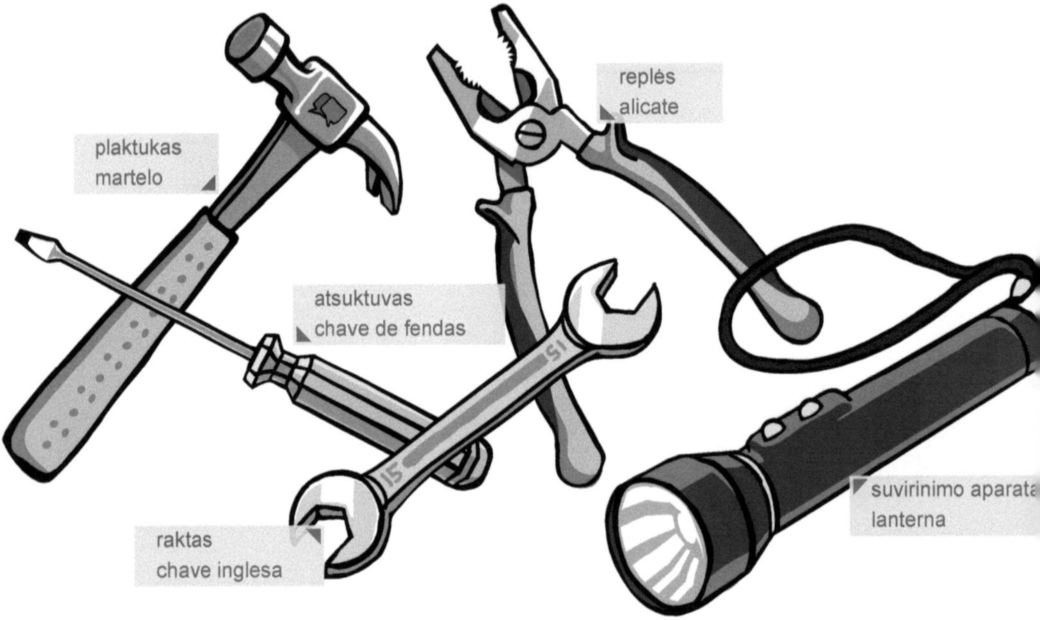
replės
alicate
plaktukas
martelo
atsuktuvas
chave de fendas
raktas
chave inglesa
suvirinimo aparata
lanterna

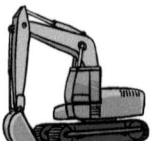

ekskavatorius

escavadora

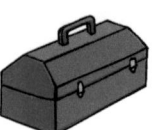

įrankių dėžė

caixa de ferramentas

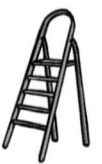

kopėčios

escadote

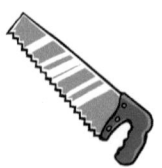

pjūklas

serra

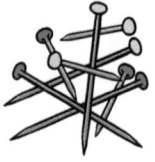

vinys

pregos

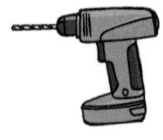

grąžtas

broca

taisyti
reparar

kastuvas
pá

Velniava!
porcaria!

semtuvėlis
pá de lixo

dažų skardinė
pote de tinta

varžtai
parafusos

muzikos instrumentai
instrumentos musicais

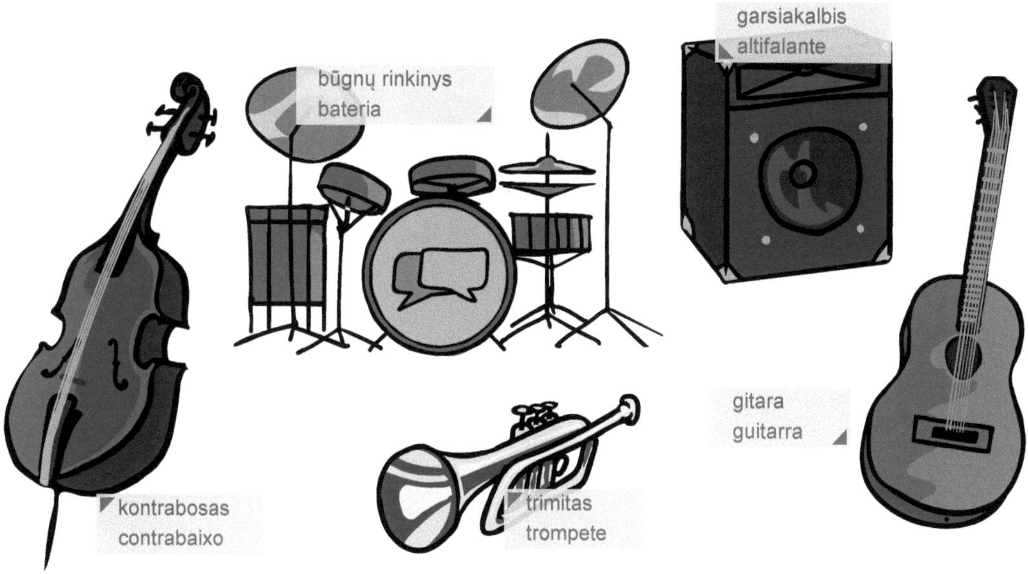

būgnų rinkinys
bateria

garsiakalbis
altifalante

gitara
guitarra

kontrabosas
contrabaixo

trimitas
trompete

pianinas

piano

smuikas

violino

bosinė gitara

baixo

timpanas

timbales

būgnai

tambor

sintezatorius

teclado

saksofonas

saxofone

fleita

flauta

mikrofonas

microfone

zoologijos sodas
jardim zoológico

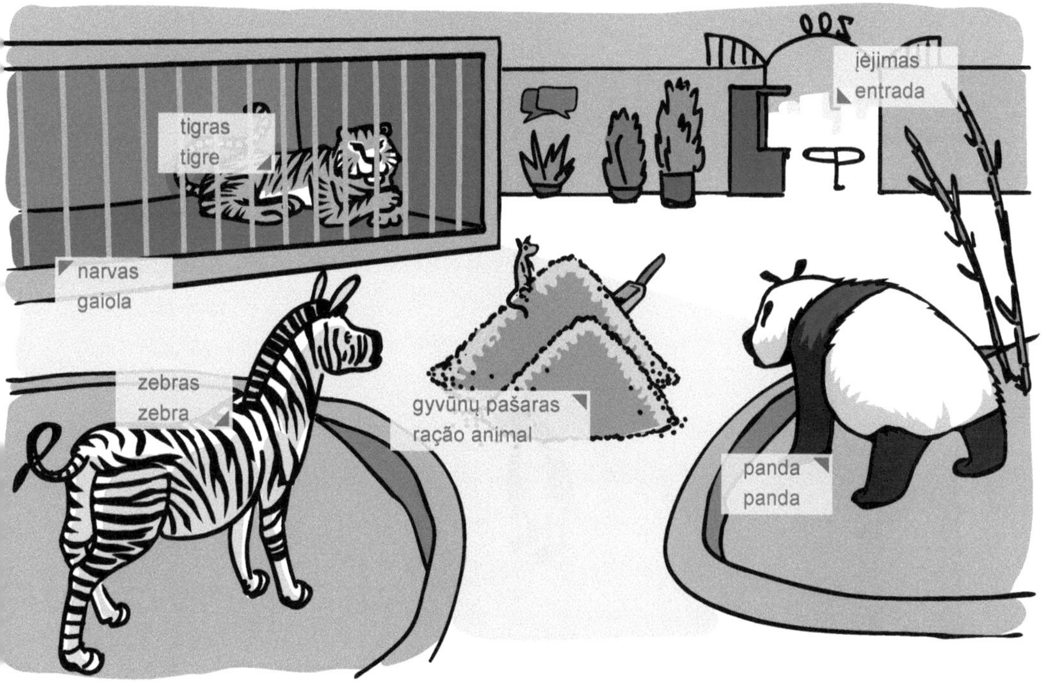

įėjimas
entrada
tigras
tigre
narvas
gaiola
zebras
zebra
gyvūnų pašaras
ração animal
panda
panda

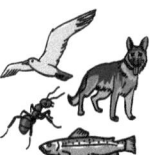

gyvūnai

animais

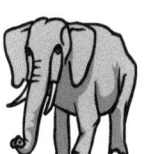

dramblys

elefante

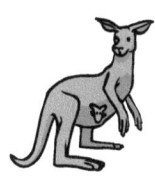

kengūra

canguru

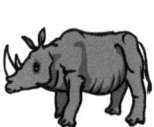

raganosis

rinoceronte

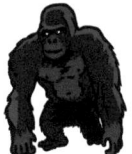

gorila

gorila

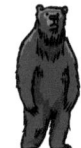

meška

urso

kupranugaris

camelo

strutis

avestruz

liūtas

leão

beždžionė

macaco

flamingas

flamingo

papūga

papagaio

baltoji meška

urso polar

pingvinas

pinguim

ryklys

tubarão

povas

pavão

gyvatė

cobra

krokodilas

crocodilo

zoologijos sodo prižiūrėtojas

guarda do jardim zoológico

ruonis

foca

jaguaras

jaguar

ponis

pónei

leopardas

leopardo

begemotas

hipopótamo

žirafa

girafa

erelis

águia

šernas

javali

žuvis

peixe

vėžlys

tartaruga

vėplys

morsa

lapė

raposa

gazelė

gazela

amerikietiškas futbolas
futebol americano

dviračių sportas
ciclismo

tenisas
ténis

krepšinis
basquetebol

plaukimas
natação

ledo ritulys
hóquei no gelo

boksas
boxe

futbolas
futebol

badmintonas
badminton

atletika
atletismo

rankinis
andebol

slidinėjimas
esqui

polas
polo

juoktis
rir

šokinėti
saltar

apkabinti
abraçar

vaikščioti
andar

dainuoti
cantar

svajoti
sonhar

melstis
rezar

bučiuoti
beijar

rašyti
escrever

piešti
desenhar

rodyti
mostrar

stumti
empurrar

duoti
dar

imti
tomar

turėti

ter

daryti

fazer

būti

ser

stovėti

ficar de pé

bėgti

correr

traukti

puxar

mesti

remessar

kristi

cair

meluoti

deitar

laukti

esperar

nešti

carregar

sėdėti

sentar

rengtis

vestir

miegoti

dormir

pabusti

acordar

žiūrėti

olhar para

verkti

chorar

glostyti

acariciar

šukuoti

pentear

kalbėti

falar

suprasti

compreender

paklausti

perguntar

klausytis

ouvir

gerti

beber

valgyti

comer

tvarkytis

arrumar

mylėti

amar

gaminti

cozinhar

vairuoti

conduzir

skristi

voar

buriuoti

velejar

skaičiuoti

calcular

skaityti

ler

mokytis

aprender

dirbti

trabalhar

vesti

casar

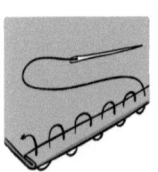

siūti

costurar

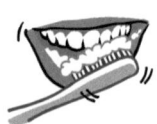

valytis dantis

escovar os dentes

žudyti

matar

rūkyti

fumar

siųsti

enviar

senelė
avó

senelis
avô

tėvas
pai

motina
mãe

kūdikis
bebé

dukra
filha

sūnus
filho

svečias

convidado

teta

tia

dėdė

tio

brolis

irmão

sesuo

irmã

kūnas

corpo

kakta
testa
akis
olho
petys
ombro
pirštas
dedo
veidas
cara
smakras
queixo
plaštaka
mão
koja
perna
krūtinė
peito
ranka
braço

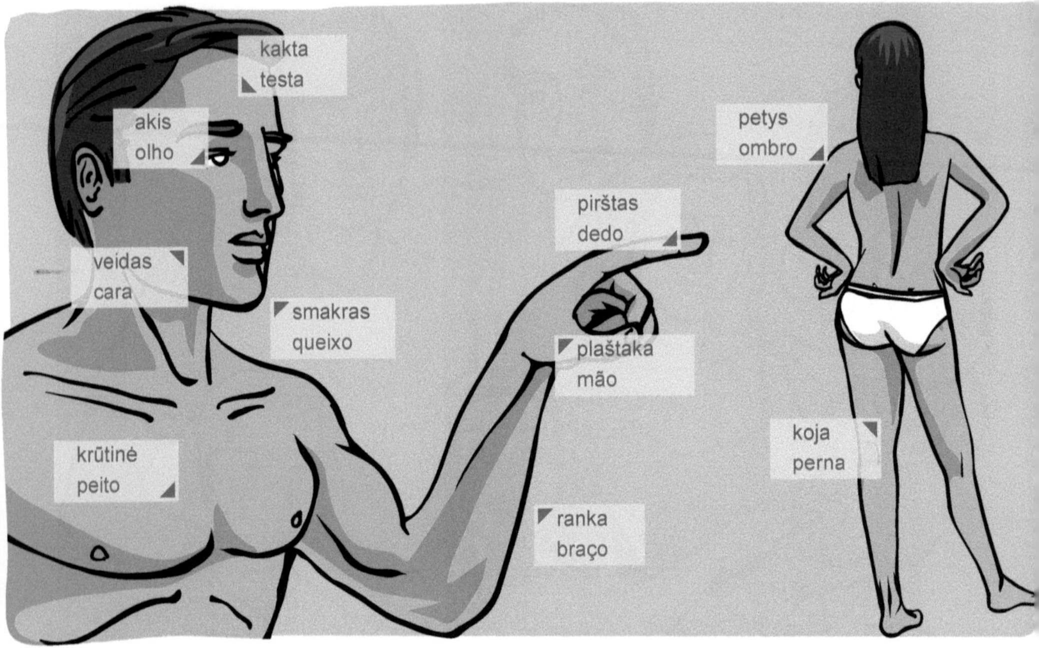

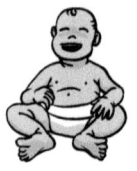

kūdikis

bebé

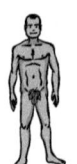

vyras

homem

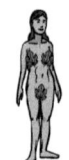

moteris

mulher

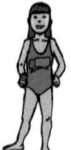

mergaitė

menina

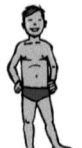

berniukas

menino

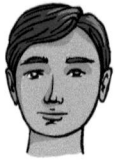

galva

cabeça

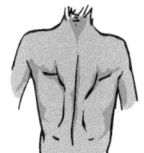

nugara

costas

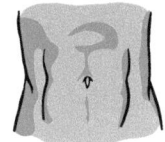

pilvas

barriga

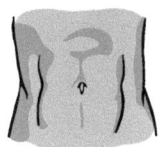

bamba

umbigo

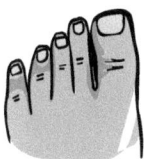

kojos pirštas

dedo do pé

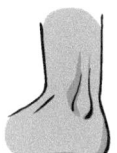

kulnas

calcanhar

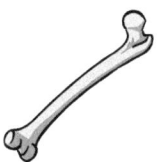

kaulas

osso

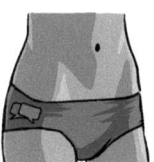

klubas

anca

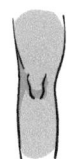

kelis

joelho

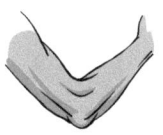

alkūnė

cotovelo

nosis

nariz

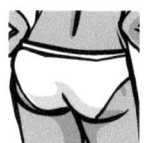

sėdmenys

nádegas

oda

pele

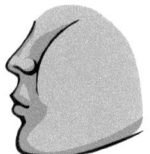

skruostas

bochecha

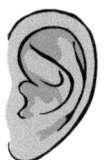

ausis

orelha

lūpa

lábio

kūnas - corpo

burna

boca

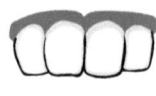

dantis

dente

liežuvis

língua

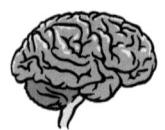

smegenys

cérebro

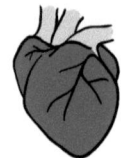

širdis

coração

raumuo

músculo

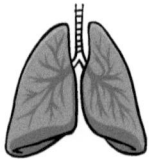

plaučiai

pulmão

kepenys

fígado

skrandis

estômago

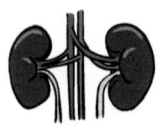

inkstai

rins

seksas

relações sexuais

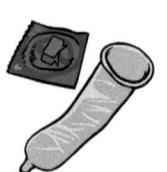

prezervatyvas

preservativo

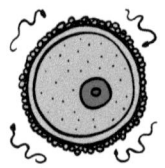

kiaušialąstė

óvulo

sperma

esperma

nėštumas

gravidez

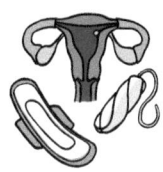

menstruacijos

menstruação

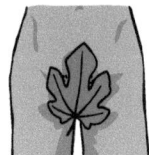

makštis

vagina

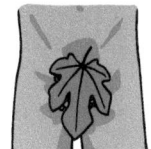

varpa

pénis

antakis

sobrancelha

plaukai

cabelo

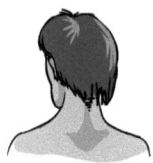

kaklas

pescoço

ligoninė
hospital

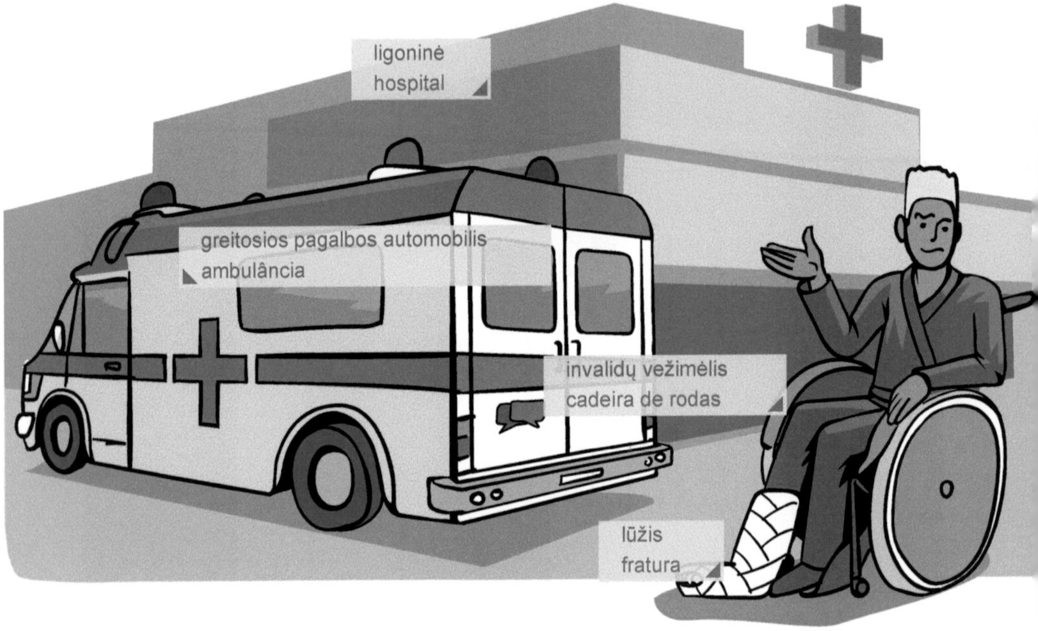

ligoninė
hospital
greitosios pagalbos automobilis
ambulância
invalidų vežimėlis
cadeira de rodas
lūžis
fratura

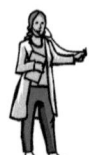

gydytojas

médico

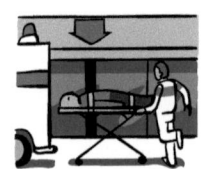

skubios pagalbos skyrius

serviço de urgências

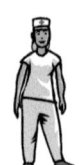

slaugytoja

enfermeira

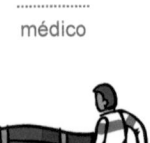

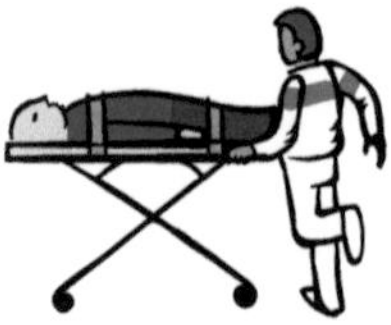

nelaimingas atsitikimas

emergência

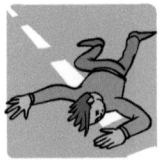

be sąmonės

inconsciente

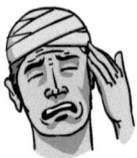

skausmas

dor

sužalojimas

ferimento

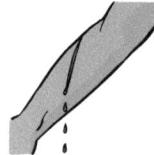

kraujavimas

hemorragia

širdies smūgis

ataque cardíaco

insultas

acidente vascular cerebral

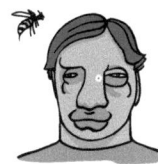

alergija

alergia

kosulys

tosse

karščiavimas

febre

gripas

gripe

viduriavimas

diarreia

galvos skausmas

dor de cabeça

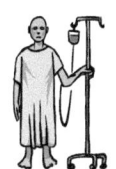

vėžys

cancro

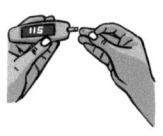

diabetas

diabetes

chirurgas

cirurgião

skalpelis

bisturi

operacija

operação

KT
CT

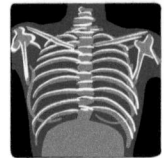

rentgenas
raio x

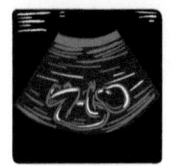

ultragarsas
ultrassom

veido kaukė
máscara

liga
doença

laukiamasis
sala de espera

ramentas
muleta

gipsas
penso rápido

tvarstis
ligadura

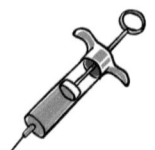

injekcija
injeção

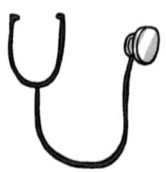

stetoskopas
estetoscópio

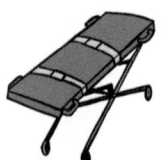

neštuvai
maca

termometras
termómetro

gimimas
nascimento

antsvoris
excesso de peso

klausos aparatas

aparelho auditivo

dezinfekavimo priemonė

desinfetante

infekcija

infeção

virusas

vírus

ŽIV / AIDS

HIV / SIDA

vaistas

medicamento

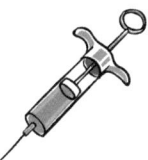

skiepijimas

vacinação

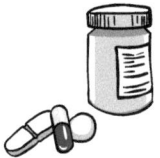

tabletės

comprimidos

piliulė

pílula

skubios pagalbos numeris

chamada de emergência

kraujospūdžio matuoklis

dispositivo de medição de
pressão arterial

ligotas / sveikas

doente / saudável

nelaimingas atsitikimas
emergência

Padėkite!

Socorro!

pavojaus signalas

alarme

užpuolimas

assalto

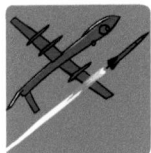

ataka

ataque

pavojus

perigo

avarinis išėjimas

saída de emergência

Gaisras!

Fogo!

gesintuvas

extintor de incêndios

nelaimingas atsitikimas

acidente

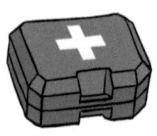

pirmosios pagalbos rinkinys

estojo de primeiros socorros

SOS

SOS

policija

polícia

Europa

Europa

Šiaurės Amerika

América do Norte

Pietų Amerika

América do Sul

Afrika

África

Azija

Ásia

Australija

Austrália

Atlanto vandenynas

Atlântico

Ramusis vandenynas

Pacífico

Indijos vandenynas

Oceano Índico

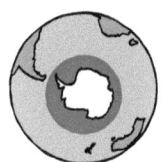

Pietų vandenynas

Oceano Antártico

Arkties vandenynas

Oceano Ártico

Šiaurės ašigalis

Polo Norte

Pietų ašigalis

Polo Sul

Antarktida

Antártica

Žemė

terra

sausuma

país

jūra

mar

sala

ilha

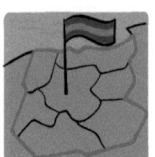

tauta

nação

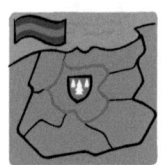

valstybė

estado

ciferblatas

mostrador do relógio

valandinė rodyklė

ponteiro das horas

minutinė rodyklė

ponteiro dos minutos

sekundinė rodyklė

ponteiro dos segundos

Kiek valandų?

Que horas são?

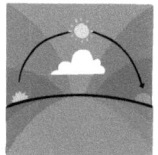

diena

dia

laikas

tempo

dabar

agora

skaitmeninis laikrodis

relógio digital

minutė

minuto

valanda

hora

savaitė
semana

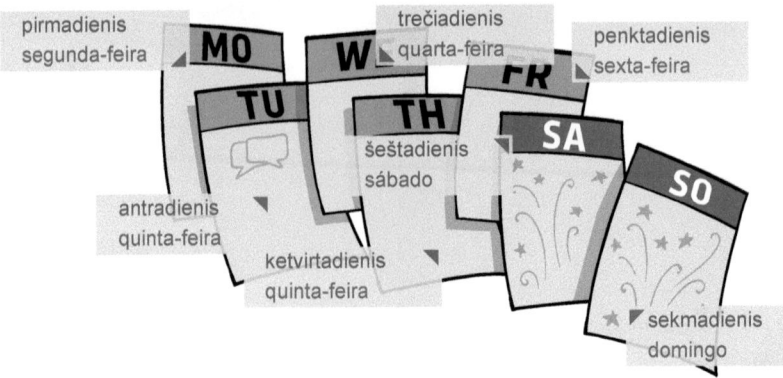

pirmadienis
segunda-feira

trečiadienis
quarta-feira

penktadienis
sexta-feira

antradienis
quinta-feira

šeštadienis
sábado

ketvirtadienis
quinta-feira

sekmadienis
domingo

vakar

ontem

šiandien

hoje

rytoj

amanhã

rytas

manhã

vidurdienis

meio-dia

vakaras

entardecer

MO	TU	WE	TH	FR	SA	SU
1	2	3	4	5	6	7
8	9	10	11	12	13	14
15	16	17	18	19	20	21
23	23	24	25	26	27	28
29	30	31	1	2	3	4

darbo dienos

dias úteis

MO	TU	WE	TH	FR	SA	SU
1	2	3	4	5	6	7
8	9	10	11	12	13	14
15	16	17	18	19	20	21
22	23	24	25	26	27	28
29	30	31	1	2	3	4

savaitgalis

fim de semana

vaivorykštė
arco-íris

lietus
chuva

sniegas
neve

vėjas
vento

pavasaris
primavera

ruduo
outono

vasara
verão

žiema
inverno

4.APRIL	11°	☀
5.APRIL	4°	⛅
6.APRIL	13°	⛅
7.APRIL	8°	❄
8.APRIL	10°	☀

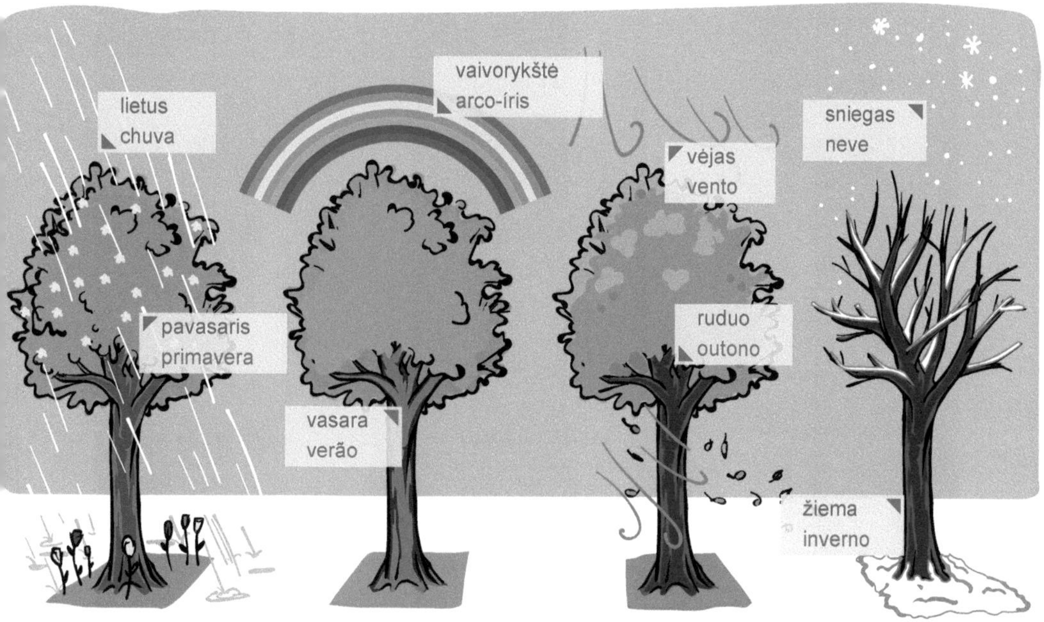

orų prognozė
previsão do tempo

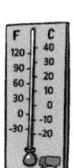

lauko termometras
termómetro

saulės šviesa
raios de sol

debesis
nuvem

rūkas
neblina / nevoeiro

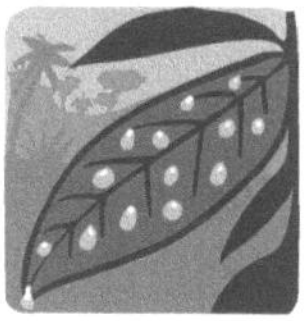

drėgmė
humidade do ar

žaibas

relâmpago

griaustinis

trovão

audra

tempestade

kruša

granizo

musonas

monção

potvynis

inundação

ledas

gelo

sausis

janeiro

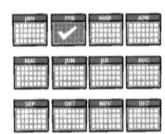

vasaris

fevereiro

kovas

março

balandis

abril

gegužė

maio

birželis

junho

liepa

julho

rugpjūtis

agosto

rugsėjis
....
setembro

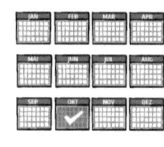

spalis
....
outubro

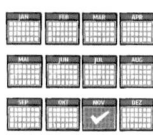

lapkritis
....
novembro

gruodis
....
dezembro

apskritimas
....
círculo

kvadratas
....
quadrado

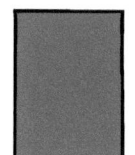

stačiakampis
....
retângulo

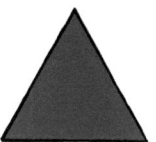

trikampis
....
triângulo

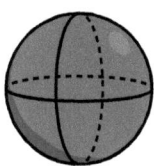

sfera
....
esfera

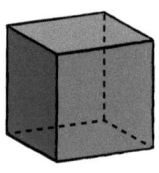

kubas
....
cubo

balta
....
branco

geltona
....
amarelo

oranžinė
....
laranja

rožinė
....
rosa

raudona
....
vermelho

violetinė
....
lilás

mėlyna
....
azul

žalia
....
verde

ruda
....
castanho

pilka
....
cinzento

juoda
....
preto

daug / mažai

muito / pouco

piktas / ramus

furioso / calmo

gražus / bjaurus

lindo / feio

pradžia / pabaiga

princípio / fim

didelis / mažas

grande / pequeno

šviesus / tamsus

claro / escuro

brolis / sesuo

irmão / irmã

švarus / purvinas

limpo / sujo

užbaigtas / neužbaigtas

completo / incompleto

diena / naktis

dia / noite

miręs / gyvas

morto / vivo

platus / siauras

largo / estreito

valgomas / nevalgomas

comestível / não comestível

piktas / malonus

mau / gentil

linksmas / nuobodus

entusiasmado / entediado

storas / plonas

gordo / magro

pirmiausia / paskiausia

primeiro / último

draugas / priešas

amigo / inimigo

pilnas / tuščias

cheio / vazio

kietas / minkštas

duro / macio

sunkus / lengvas

pesado / leve

alkis / troškulys

fome / sede

ligotas / sveikas

doente / saudável

nelegalus / legalus

ilegal / legal

protingas / kvailas

inteligente / burro

kairė / dešinė

esquerda / direita

arti / toli

perto / longe

naujas / naudotas

novo / usado

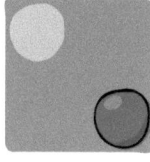

niekas / kažkas

nada / algo

senas / jaunas

velho / jovem

įjungta / išjungta

ligado / desligado

atidaryta / uždaryta

aberto / fechado

tylus / garsus

baixo / alto

turtingas / vargšas

rico / pobre

teisus / neteisus

certo / errado

šiurkštus / švelnus

áspero / liso

liūdnas / laimingas

triste / feliz

trumpas / ilgas

curto / longo

lėtas / greitas

lento / rápido

drėgnas / sausas

molhado / seco

šiltas / šaltas

ameno / fresco

karas / taika

guerra / paz

0	**1**	**2**
nulis	vienas	du
zero	um	dois

3	**4**	**5**
trys	keturi	penki
três	quatro	cinco

6	**7**	**8**
šeši	septyni	aštuoni
seis	sete	oito

9	**10**	**11**
devyni	dešimt	vienuolika
nove	dez	onze

12

dvylika
doze

13

trylika
treze

14

keturiolika
catorze

15

penkiolika
quinze

16

šešiolika
dezasseis

17

septyniolika
dezassete

18

aštuoniolika
dezoito

19

devyniolika
dezanove

20

dvidešimt
vinte

100

šimtas
cem

1.000

tūkstantis
mil

1.000.000

milijonas
milhão

skaičiai - números

anglų

inglês

amerikiečių anglų

inglês americano

kinų (mandarinų)

chinês mandarim

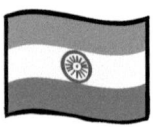

hindi

hindi

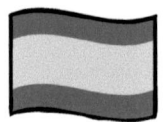

ispanų

espanhol

prancūzų

francês

arabų

árabe

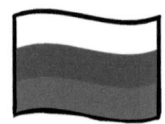

rusų

russo

portugalų

português

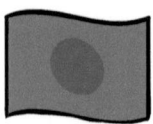

bengalų

bengalês

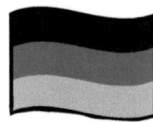

vokiečių

alemão

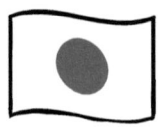

japonų

japonês

aš

eu

tu

tu

jis / ji

ele / ela

mes

nós

jūs

vós

jie

eles / elas

kas?

quem?

ką?

o quê?

kaip?

como?

kur?

onde?

kada?

quando?

vardas

nome

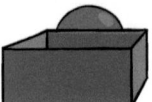

už
....
atrás

kur (vieta)
....
em

priešais
....
à frente de

virš
....
sobre

ant
....
em cima

po
....
debaixo

prie
....
ao lado

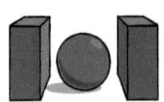

tarp
....
entre

vieta
....
lugar